Hardy Oelke

Die Westernpferderassen

Quarter Horse
Paint Horse
Appaloosa

Kierdorf Verlag

IMPRESSUM

Verfasser: Hardy Oelke
Abbildungen: Delfan, Kleinwegen, Latuszeck, Lesch, Oelke, Santa Barbara Ranch, Schumacher Shugart
Titelbild: Hardy Oelke
Layout: Trude v. Mengden

1. Auflage 1993
ISBN 3-89118-064-0

Inhalt

Ein Fremder reitet in ein Town irgendwo im amerikanischen Westen (und der fängt ziemlich weit im Osten an), irgendwann in diesem oder im letzten Jahrhundert. Oder vielleicht auch noch früher. Sein Sattel ist reparaturbedürftig, als Zügel benutzt er ein paar Kälberstricke, und das Gebiß, welches das Pferd im Maul trägt, ist offensichtlich selbstgemacht.

Sein Pferd ist struppig und ungepflegt und kaum größer als 1,40 m. Er läßt es mit hängendem Kopf daherlatschen. Man muß schon genau hinsehen, um drahtige Beine, harte Muskeln und lebhafte Augen zu erkennen. Der Fremde grüßt ein paar herumstehende Ortsansässige. Er scheint kontaktfreudig zu sein und macht einen unternehmungslustigen Eindruck. Außerdem macht er den Eindruck, als hielte er viel von seinem eher erbarmungswürdig aussehenden Reittier.

Die Männer aus dem Ort sind alle Experten, was Pferde betrifft. Das Pferd ist das hauptsächlichste, wenn nicht das einzige Fortbewegungsmittel. Die meisten besitzen selbst mehrere. Einige davon sind sogar ziemlich schnell. Verdammt schnell sogar, Mister! Fast so schnell wie Barney Wilsons Fuchsstute, und die ist wahrscheinlich das schnellste Pferd im Westen, ist Wilsons Fuchsstute, Mister. Steel Dust-Blut, wenn Sie wissen, was ich meine, Mister!

Jack Roberts habe sich einen Falbwallach aus Louisiana gekauft, der die Wilson-Stute stehenlassen würde, weiß ein anderer zu berichten. Von einem Vollblüter und aus einer Mustang-Mutter. Die Wilson-Stute stehenlassen? Die meisten lachen. Das soll wohl 'n Witz sein? No, Sir, in ganz Louisiana gibt's kein solches Pferd nicht. Niemals. Die nimmt ihm auf der Viertelmeile glatt hundert Meter ab!

Der Fremde wirft mit naivem Stolz ein, sein Pferd könne auch unheimlich schnell laufen. Wenn er es einmal voll galoppieren ließ, würden ihm die Augen tränen. Ach ja? Die anderen werfen sich verstohlene Blicke zu. Wie er es denn mit einer kleinen Wette halten würde? Barney Wilson? Ob der seine Stute auch mitlaufen lasse? Wenn Sie wollen, Mister - aber da müssen Sie schon was einsetzen, für weniger als fünfzig Dollar macht sich Barney nicht die Mühe.

Fünfzig Dollar? An so viel hat er eigentlich nicht gedacht. Ist 'ne Menge Holz. Aber er hat so viel bei sich. Die Sache kommt in Gang, Wetteinsätze werden gemacht. Es dauert nicht lange, und man hat für den nächsten Tag ein Rennen verabredet über 300 Meter (so lang ist die Hauptstraße des Ortes), bei dem das "verdammt schnelle" Pferd des einen Ortsansässigen, Wilsons Stute, der Falbwallach aus Louisiana und das Pferd des Fremden starten sollen.

Am nächsten Tag ist die gesamte Stadt zur verabredeten Zeit auf den Beinen. Rechts und links der Hauptstraße drängen sich Männer und Frauen, Greise und Kinder, Indianer, Neger, Mestizen und Mulatten. Die Schiedsrichter werden gewählt, und man einigt sich auf die Startmethode. "Lap and tap" soll es sein; dabei gehen die Pferde im Schritt auf den Start zu, und wenn der Starter alle gleichauf sieht, gibt er das Zeichen.

Der Fremde beteiligt sich an den Verhandlungen kaum. Er sieht etwas verloren aus, als kenne er sich nicht aus mit allem, was so vorgeht. Wilsons Stute ist ein hübscher Dunkelfuchs, kompakt aber trocken, und sieht blank und guttrainiert aus. Der Louisiana-Wallach ist eine Handbreit größer als die anderen Pferde und tänzelt nervös. Das Pferd des Fremden sieht wie ein Fremdkörper in dem Feld aus und geht völlig ruhig zum Start, als wüßte es nicht, was ihm bevorsteht.

Dann senkt der Starter die Fahne. Es gibt eine gewaltige Staubwolke, und man kann erkennen, daß Wilsons Stute sich beim Durchstarten so kraftvoll abgestoßen hat, daß sie fast zu Boden geht. Der Louisiana-Wallach hat dadurch drei Längen, das andere Pferd zwei Längen Vorsprung gewonnen. Sekunden später schießt das Pferd mit dem Fremden wie eine Kanonenkugel mit wenigstens fünf Längen Vorsprung als erstes durchs Ziel, der Louisiana-Wallach kommt einen halben Kopf vor der Wilson-Stute, die wie an einer Schnur gezogen stetig aufgeholt hatte, im Ziel an.

Der Fremde, der sein Pferd selbst geritten hat, während die anderen Besitzer ihre Pferde von leichtgewichtigen Boys reiten ließen, streicht eine beträchtliche Gewinnsumme ein. Dabei grinst er kaum. Es gibt keine Debatten - der Sieg war zu eindeutig. Einige der Männer machen dem Fremden Angebote für sein Pferd - jenes struppige Pferd, für das sie am Tage vorher keine 30 Dollar gegeben hätten. Hundert Dollar bietet einer, ein anderer zweihundert. Der Fremde scheint es gar nicht zu hören. Dann kommt Barney Wilson und bietet ihm dreihundert. Aber auch darauf geht der Fremde nicht ein. Stattdessen erkundigt er sich, wo es in der Gegend noch schnelle Pferde gäbe und Besitzer, die genug von ihnen halten, um eine anständige Summe auf sie zu setzen.

Solche Begebenheiten haben sich in Nordamerika zur Kolonialzeit und später im amerikanischen Westen ungezählte Tausend Male abgespielt. Kurzstreckenrennen waren wahrscheinlich der verbreitetste Sport, und die Pferde, die sie bestritten, waren solche, die vielfach die ganze Woche über auf dem Feld, vor der Kutsche oder unterm Arbeitssattel ihren Dienst taten und dann am Sonntag um der Wettleidenschaft und des Stolzes ihrer Besitzer willen Rennen liefen, wo immer sich ein Anlaß bot und eine einigermaßen freie, ebene Strecke finden ließ. Sie waren durchweg Tiere, die von Indianerpferden, den verwilderten Abkömmlingen der Pferde abstammten, welche die spanischen Eroberer in die Neue Welt gebracht hatten, gepaart mit Importen vor allem aus England, die eine Mischung der dort heimischen (Klein-) Pferde mit Orientalen waren und die Vorläufer des Englischen Vollbluts darstellten. Jene "Orientalen", die in der englischen Pferdezucht Verwendung fanden, waren ebenfalls häufig spanische Pferde; Spanien wurde zum Orient gezählt.

Schon früh gab es reiche Farmer und Kaufleute, für die das Kurzstreckenrennen mehr als nur gelegentlicher Zeitvertreib war und die erhebliche Summen investierten, um die schnellsten Kurzstreckenrenner zu importieren und zu züchten.

Alle diese Rennen waren nicht durch einen Verband organisiert und reglementiert, sondern private Vereinbarungen zwischen Pferdebesitzern, die es "halt wissen wollten". Die schnellsten Pferde erlangten weitreichenden Ruhm, und je besser ein Pferd war, desto schwieriger wurde es auch, Gegner dafür zu finden. Manche Besitzer trafen darum Vereinbarungen, in denen sie vermeintlich langsameren Pferden einen bestimmten Vorsprung gaben, um deren Besitzer dennoch zu einer Wette zu verlocken. Andere ließen sich alle möglichen Tricks einfallen, um die Identität ihrer Pferde geheim zu halten; dazu gehörte auch, das Pferd durch ein ungepflegtes Äußeres minderwertiger erscheinen zu lassen, wie in unserer kleinen Einführungsgeschichte.

Die gebräuchlichste Distanz, über die solche Kurzstreckenrennen ausgetragen wurden, war die Viertelmeile (*a quarter of a mile*), und deshalb wurde der Pferdeschlag, der dafür gebraucht wurde und der über diese Distanz am schnellsten war, "Quarter Miler", "Quarter Racer", "Quarter Mile Horse", "Viertelmeilenpferd" genannt, woraus später die Abkürzung "Quarter Horse" entstand.

Auch nach der Einrichtung und Schließung des Stammbuches für das Englische Vollblut hielt die Zufuhr solcher Pferde in die Zucht der Kurzstreckenrennpferde an. Im heutigen Osten bzw. Südosten der USA, der Wiege der Viertelmeilenpferde, der Quarter Horses, wurden Pferderennen mit Vollblütern über längere Distanzen und unter leichteren Gewichten populär, und das *short racing*, das Kurzstreckenrennen, folgte der Eroberung des Kontinents nach Westen.

Im Westen machten diese Pferde ein zweite Karriere. Obwohl sich das Kurzstreckenrennen auch dort größter Beliebtheit erfreute und sich bis in die heutige Zeit erhalten und zur millionenschweren Industrie entwickelt hat, brachten die riesigen Ranches im Westen mit ihren über Tausende von Quadratmeilen streifenden Rinderherden einen neuen Verwendungszweck mit sich, einen neuen Härte- und Eignungstest, eine Selektion auf das Talent zur Rinderarbeit. Das Quarter Horse, bekannt als genügsames Arbeitspferd und vierbeiniges Geschoß über Kurzstrecken bis zu einer Viertelmeile, eroberte die Herzen der Rancher und Cowboys als unübertroffener Partner bei der Rinderarbeit.

Die bislang beschriebene Entwicklung dauerte etwa zweihundert Jahre, bis zum Beginn unseres Jahrhunderts. Mit dem Beginn des zwanzigsten Jahrhunderts kamen Rodeos mehr und mehr in Mode, ein amerikanischer Volkssport, der sich in fast allen Disziplinen von der Arbeit des Cowboys ableitet und in manchen Bereichen zu einer Spezialisierung der Quarter Horse-Zucht führte. Das Cutting - ein besonderer Teil der Rinderarbeit, bei dem ein Rind aus der Herde ausgesondert wird und bei dem das Pferd völlig selbständig arbeiten muß - wurde Spezialdisziplin; seine Entwicklung zum gewinnträchtigsten Pferdesport neben dem Rennen brachte eine enorme Spezialisierung der Zucht mit sich. Horse Shows, bei denen Pferde an der Hand und unter dem Reiter in einer Vielfalt von Klassen konkurrieren, kamen auf und sind ebenfalls zu einem reichen Wirtschaftszweig gewachsen - mit all den Auswirkungen, die das auf die Zucht der Quarter Horses und der anderen Westernpferde gehabt hat und noch hat. Eine dritte Karriere also für das ursprüngliche Viertelmeilenpferd, wobei die vielen Tausende nicht vergessen werden dürfen, die heute als Freizeitkameraden vielen Menschen Erfüllung bringen, fernab von jedem Turniergeschehen.

Das Quarter Horse

Quarter Horse-Hengst Foto: Santa Barbara Ranch

Quarter Horse-Wallach bei einem vorbildlichen Sliding Stop

Foto: Oelke

Die größte Population unter den drei Westernpferderassen stellt das Quarter Horse. Es verkörpert das Westernpferd schlechthin. Eigentlich handelt es sich gar nicht um drei Westernpferderassen, sondern um eine, höchstens um zwei, weil das Paint Horse rassemäßig dasselbe wie das Quarter Horse ist und nur eine gescheckte Variante davon darstellt. Der Appaloosa hat einen etwas anderen Werdegang, und bei ihm kann teilweise von einer anderen Rasse gesprochen werden, doch darüber später.

Das Quarter Horse ist nicht nur unter den Westernpferden am zahlreichsten, sondern zahlenmäßig die größte Pferderasse - ja Haustierrasse - weltweit. Bis zum Jahr 1991 wurden rund 3 Millionen Quarter Horses bei der American Quarter Horse Association in Amarillo, Texas, eingetragen.

Was ist nun das Typische an einem Quarter Horse? Typisch ist seine Kompaktheit, sein rassiger Keilkopf mit breiter Stirn, kleiner Maulpartie, kleinen, beweglichen Ohren und ausdrucksvollen Augen, seine handliche Größe von etwa 1,50 bis 1,55 m Stockmaß, seine Wendigkeit, sein *cow sense* (bedeutet soviel wie "Kuhverstand" - besondere Begabung für die Rinderarbeit), sein nervenstarkes Wesen, eine ausgeprägte Bemuskelung und nicht zuletzt die bereits herausgestellte Schnelligkeit über kurze Distanzen (über die Viertelmeile ist es das schnellste Pferd der Welt).

Foto: Oelke

Quarter Horse-Hengst beim Cutting

Wer andere Pferderassen kennt und Quarter Horses nicht, dem geben Vergleiche eine bessere Vorstellung von dieser Rasse. Es gibt eine Reihe von Kleinpferderassen, die ebenfalls kompakt und zum Teil auch recht kräftig bemuskelt sind. Das Quarter Horse zeichnet sich denen gegenüber dadurch aus, daß es kein so eigensinniges Wesen, einen edleren Kopf, im Schnitt mehr Widerristhöhe und elastischere, bequemere und bessere Bewegungen hat. Sein Fundament ist durchweg feiner und trockener, seine Bemuskelung stärker ausgeprägt, und es hat bessere Reit-Points, wie ein feines, bewegliches Genick, einen schlanken Hals, eine schräge Schulter, einen guten Widerrist, einen kurzen Rücken und eine lange, schräge Hüfte. Es ist, kurz gesagt, rittiger - ein edles Reitpferd.

Im Vergleich mit Warmblütern hat es einen weniger langen Hals, der - wie gesagt - schlank und gut geformt und gut angesetzt ist, aber reiterlich weniger Probleme macht, es hat einen kleineren, edleren Kopf, nicht viel weniger Rumpf, aber kürzere Beine; dadurch hat es einen tieferen Schwerpunkt, der mit ein Grund für seine enorme Beweglichkeit und Wendigkeit ist. Es hat keinen solch starken Trab, sondern einen durchaus raumgreifenden, aber bequem auszusitzenden Trab. Es ist in der Handhabung an der Hand, unterm Sattel und in der Haltung viel problemloser.

Das Quarter Horse führt viel Vollblut und kann am ehesten als ein kompakter, kleinerer, extrem bemuskelter Vollblüter beschrieben werden.

Das Gebäude des Quarter Horses ermöglicht ihm neben seiner Sprintstärke die speziellen Manöver in den Westernreitdisziplinen, wie blitzartige 180-Grad-Wendungen auf der Hinterhand, Stops auf der Hinterhand oder das Laufen im natürlichen Gleichgewicht auch bei Galoppzirkeln usw., ohne vom Reiter durch Kreuz-, Schenkel- und Zügelhilfen versammelt zu werden.

Die extreme Bemuskelung mancher Quarter Horses wird oft überbewertet. Ein Zuviel ist nie gut, und zu schwer bemuskelte Quarter Horses lassen die typische Rittigkeit und Beweglichkeit vermissen. Ein Quarter Horse ohne ausgeprägte Muskulatur muß aber als atypisch angesehen werden.

Quarter Horse-Reiter und -Züchter sind überzeugt: es gibt keine Pferderasse, die vom Wesen her angenehmer, die intelligenter, lernwilliger und zugleich unkomplizierter ist, die so viel Nervenstärke mit so viel Rittigkeit verbindet. Und zweifellos gibt es keine Pferderasse, die für die besonderen Anforderungen des Westernreitens so gut geeignet ist.

Obwohl es erst seit 1940 ein offizielles Stutbuch für Quarter Horses gibt, ist seine Zuchtgeschichte - wie geschildert - sehr viel länger. Es muß als die älteste amerikanische Rasse angesehen werden. Seine berühmtesten

Gründerhengste waren Janus, Printer, Sir Archy, Cold Deck, Steel Dust, Shiloh, Billy, Peter McCue, Traveler, King, Leo und Three Bars.

Der von der American Quarter Horse Association anerkannte Verband für Deutschland ist die Deutsche Quarter Horse Association (DQHA), die seit 1975 besteht und für alle Fragen rund um das Quarter Horse zuständig ist.

Die Abstammung ist wichtig

Wer sich ein Quarter Horse zulegt, ist vor allem dann daran interessiert, eins mit guter Abstammung zu kaufen, wenn er daran denkt, das Pferd früher oder später auch zur Zucht einzusetzen.

Bei einem Wallach läßt die Abstammung zwar auch Schlüsse auf seine Eignung zu, aber letztlich kommt es nur darauf an, was das Pferd selbst darstellt und wie es sich reiten läßt, wie gut man damit zurechtkommt.

Wer sich eine Stute kauft und diese auch zur Zucht nutzen will, der sollte schon bemüht sein, nicht nur ein gutes Modell zu erwerben, das auch als Reitpferd überzeugt, sondern die Abstammung wird da besonders wichtig. Eine Stute, die sehr schön und vielleicht auch ein tolles Reitpferd ist, aber keine besondere Abstammung hat, ist als Zuchttier weniger geeignet, als eine, die vom Aussehen her mit der erstgenannten nicht ganz mithalten kann, dafür aber eine hervorragende Abstammung hat. Letztere wird höchstwahrscheinlich bessere Fohlen bringen, als die erstere.

Und noch aus einem anderen Grund ist die Stute mit der besseren Abstammung vorzuziehen: Ihre Fohlen sind aufgrund der populären Abstammung besser verkäuflich.

Natürlich wird jeder sagen, der ein Pferd zu verkaufen hat, daß es eine gute oder gar sehr gute Abstammung hat, auch wenn dies nicht der Fall sein sollte. Viele Leute lassen sich Sand in die Augen streuen. Wer ernsthaft interessiert ist, kann aber vieles nachprüfen, z.B. durch das Studium der einschlägigen Journale - The Quarter Horse Journal (englischsprachig), The Paint Horse Journal (englischsprachig), The Appaloosa Horse Journal (englischsprachig) und vor allem der führenden deutschsprachigen Zeitschrift Western Horse, erhältlich an jedem größeren Kiosk. Darin sind Artikel und gelegentlich Listen der erfolgreichsten Hengste und Stuten, neben Anzeigen, die auch oft über besondere Leistungen der Tiere Auskunft geben. Wenn nötig, sollte man sich beim Studium dieser Journale helfen lassen, wie es auch ratsam ist, sich bezüglich der Abstammung beraten zu lassen. Es gibt durchaus Leute in Deutschland, die gut beraten können; es gibt natürlich auch eine große Zahl von Pseudo-Experten.

In diesem Rahmen können verständlicherweise keine umfassenden Informationen über Blutlinien vermittelt werden. Dennoch seien hier einige bedeutende Linien angeführt:

Einige der wichtigsten Quarter Horse-Linien

Ein paar der alten Gründerhengste wurden schon erwähnt. Peter McCue, auf den fast alle Quarter Horses irgendwo zurückgehen, Old Fred, Traveler, Joe Reed, Oklahoma Star, Joe Hancock, Zantanon, King, Leo, Old Sorrel und die Vollblüter Three Bars und Top Deck sind bedeutende Foundation Sires dieses Jahrhunderts gewesen. Andere waren Question Mark, Poco Bueno, Skipper W, Hired Hand, Doc Bar, Sugar Bars, Joe Cody, Go Man Go und Jet Deck. Man könnte diese Reihe noch mehrere Zeilen fortsetzen und würde immer noch viele hervorragende Vererber auslassen müssen.

Die zuletzt Erwähnten gehen schon wieder direkt auf die Ersterwähnten zurück. So waren Joe Hancock und Old Sorrel von Peter McCue-Abstammung. King war von Zantanon, von Little Joe, von Traveler. Leo war doppelt Joe Reed-gezogen. Skipper W ging auf Old Fred zurück, Hired Hand und Joe Cody auf Old Sorrel, Poco Bueno war von King, Doc Bar und Sugar Bars von Three Bars, Go Man Go und Jet Deck von Top Deck.

Die meisten dieser Hengste sind bei Pedigrees heutiger Pferde erst "weit hinten" zu finden, d.h. in der vierten, fünften, sechsten Generation oder noch weiter zurück. So weit zurückliegend ist es aber nicht mehr relevant, ob einer dieser Namen auftaucht. Nur dann kann man noch von einem Einfluß sprechen, den ein Vorfahre vererbungsmäßig gehabt hat, der in der vierten oder fünften Generation auftaucht, wenn er mehrmals erscheint, wenn ein Pferd also auf diesen Vorfahren liniengezogen ist. Wenn ein Pferd z.B. insgesamt fünf- oder sechsmal auf King zurückgeht, so kann das auch dann von Bedeutung sein, wenn King in der vierten und fünften Generation präsent ist.

In den meisten Fällen ist es so, daß es sich bei den heutigen gutgezogenen Pferden um Söhne und Töchter und Großsöhne und Großtöchter von den herausragenden Söhnen und Töchtern der erwähnten Gründerhengste handelt. Mit anderen Worten, es ist nicht besonders wertvoll, wenn ein Pferd ein Urenkel von z.B. Doc Bar ist, wenn sein Vater ein unbekannter Enkel und sein Großvater ein unbekannter Sohn von Doc Bar waren. Alle diese Linienbegründer haben nicht nur Superpferde gezeugt, sondern immer auch eine Anzahl durchschnittlicher und unterdurchschnittlicher Pferde, denn viel hängt ja auch von den Müttern ab. Mit einer schlechten Stute kann auch der beste Hengst nichts Besonderes hervorbringen.

In jedem Fall sollte man sich zuerst darüber klar werden, wie man sein Pferd nutzen will. Die Palette der Disziplinen innerhalb des Westernreitens ist ja vielfältig, entsprechend verschieden sind die Anforderungen, die an die Pferde gestellt werden, und dementsprechend gibt es auch unterschiedliche Blutlinien, die sich für die einzelnen Anforderungen besonders eignen.

Dazu ein paar Beispiele: Wenn Sie eine Tochter von Jet Deck kaufen können, die aus einer Tochter von Dash For Cash ist, so ist das eine Stute mit hervorragender Abstammung. Nur, wenn Sie Western Pleasure showen oder einfach nur Spazierenreiten wollen, ist diese Abstammung für Sie die falsche, denn es ist eine Renn-Abstammung, und die Wahrscheinlichkeit ist groß, daß Sie mit der Stute überhaupt nicht zurechtkommen.

Sollte Ihnen ein Pferd angeboten werden, das von Impressive und aus einer Sonny Dee Bar-Tochter ist, so hat auch das Pferd eine hervorragende Abstammung, nämlich für die Disziplin Halter, aber wenn Ihr Wunsch ist, Reining, Cutting oder Working Cowhorse zu reiten, sollten Sie das Pferd vergessen.

Klangvolle Namen allein bringen es also nicht. Sie müssen wissen, welche Linien für den Bereich, in dem Sie aktiv sein wollen, zu den besten zählen.

Das typische Quarter Horse ist ein Allround-Pferd, das ist richtig. Und so bringen die alten Working Horse-Blutlinien zuverlässig Pferde hervor, die sich vom Temperament, Wesen und Geschick her für alles eignen, vom Wanderritt bis zur Rinderarbeit. Allerdings darf man dann nicht zu ehrgeizig sein - ein Allround-Pferd ist allround einsetzbar, d.h. es kann alles machen, aber das bedeutet auch, daß es kein Spezialist ist. Wer auf Turnieren gewinnen will, der wird sich bald nach einem Pferd umsehen, das von Natur aus für die Lieblingsdisziplin besonders ausgestattet ist. So haben sich die Blutlinien mit den besonderen Eignungen entwickelt.

Für das Showen in

Halter

kommt es nur darauf an, wie sich ein Pferd dem Auge präsentiert. Der Richter kennt ja das Pedigree nicht, und eine Leistung braucht das Pferd nicht zu bringen. Also in Halter kann ich auch mit einem Pferd gewinnen, das keine tolle Abstammung hat, solange es vom Modell her entsprechend gut ist. Wenn es um die Zucht von Halter-Pferden geht, kommt natürlich wieder das vorher Gesagte zum Tragen, daß die Produkte aus den entsprechenden Linien voraussichtlich besser sein werden.

Der "König" unter den Halter-Vererbern der letzten Jahrzehnte ist unbestritten Impressive. Söhne von ihm gehören zu den führenden Zeugern von Halter-Pferden, wie z.B. Zip To ,Impress, Conclusive, Obvious Conclusion, The Intimidator, Mr. Impressive, Tardee Impressive u.a.

Andere Leading Sires von Halter Horses sind z.B. Sonny Dee Bar, Sonny Go Lucky, Sonny Go Te, Skipa Star, Color Me Skip, Sir Quincy Dan oder Quincy Feature.

Performance

steht für Leistung, und in diesem Fall steht es für die Leistung unter dem Sattel. Bei der Eignung für die unterschiedlichen Performance-Disziplinen fächert sich das ganze, wie schon ausgeführt, mehr auf. Wenn das Halter-Pferd leichter zu beurteilen ist, weil nur das Äußere zählt, so ist es beim Performance-Pferd sehr viel schwieriger. Hier gibt eine entsprechende Abstammung in weitaus größerem Maße den Ausschlag, weil man dem Pferd die Eignung nicht unbedingt ansehen kann. Bei konsequent auf eine bestimmte Leistung gezogenen Pferden kann man mit größerer Sicherheit davon ausgehen, daß sie in der auserkorenen Disziplin konkurrenzfähig sein werden.

Für die populäre Disziplin

Western Pleasure,

die auch eine beliebte "Einsteiger-Disziplin" ist, stellt sich das ganze noch recht einfach dar. Hierfür muß eine Pferd zuallererst gute Bewegungen haben. Es muß vorbildlich im Gleichgewicht sein, so daß es ihm keine Mühe macht, in den Grundgangarten gesetzt zu gehen, auch in langsamem Galopp rund und im Takt zu bleiben und mit der Hinterhand gut unterzutreten. Es soll die Beine flach über den Boden führen, also wenig Knieaktion haben, und den Reiter in allen Gangarten bequem wie auf einem Sofa sitzen lassen.

Alle diese Dinge kann man äußerlich sehen und beurteilen. Was noch bleibt, ist ein ruhiges, williges Wesen, das das Pleasure-Pferd mitbringen muß. Und da gibt es wiederum Blutlinien, die gute Bewegungen mit dem entsprechend sanften und kooperativen Wesen vereinigen, und es gibt andere, die "heißer" sind.

Zippo Pine Bar ist der überragende Vererber von Pleasure-Pferden der letzten Jahre. Diese Linie (er ist von Zippo Pat Bars) verkörpert in klassischer Weise das alte "Working-Blut" - sie bringt ein angenehmes Temperament mit und zugleich athletische Fähigkeiten. Andere Pleasure Horse Sires sind The Invester, ebenfalls von Zippo Pat Bars, Sonny Dee Bar und Söhne von ihm, wie Scotch Bar Time und Bar Passer, Im A Big Leaguer (von Bar Passer) oder Deck Of Stars.

Reining

ist eine Spezialdisziplin, die auch bei uns höchst beliebt ist. Ein gutes Reining Horse muß ein echter Athlet sein, gute Bewegungen, Geschick und ein großes Stop-Vermögen haben. Das wichtigste ist das "Mind", der Verstand, die Willigkeit. Die wichtigsten Manöver neben dem Stop sind der Spin (schnelle Drehung auf der Hinterhand) und der fliegende Galoppwechsel, und für diese Dinge muß das Reining-Pferd ein natürliches Geschick haben.

Ein Reining Horse darf nicht heiß werden, sondern muß trotz der schwierigen Aufgabe und der schnellen Galoppzirkel und Run Downs ruhig bleiben.

Die Blutlinien, welche die besten Reining-Pferde hervorbringen, sind vielfach dieselben, die auch in der Rinderarbeit bevorzugt werden. Im Reining wie im Cutting und Reined Cow Horse dominieren vor allem King- und Leo-Nachkommen, typischerweise veredelt mit Doc Bar-Blut. Hollywood Gold spielt sowohl im Reining wie im Cutting eine markante Rolle.

Einige Hengste, die besonders im Reining bewährte Linien begründet haben, sind Joe Cody, Okie Leo, Easter Gentleman, Hollywood Jac 86, Be Aech Enterprise, Great Pine, Greyhound Step und Topsail Cody.

Andere haben großartige Reining Horses gezeugt, sind zugleich aber oder auch besonders durch Cow Horses berühmt geworden. Dazu gehören einmal eine ganze Reihe von Doc Bar-Söhnen, wie Doc O'Lena, Dry Doc, Doc Solano, Doc's Hickory, Doc's Oak, Doc Tom Tucker, Doc's Stinger oder Genuine Doc. Dann Colonel Freckles, Mr. Gun Smoke, King Fritz, Sugar Bars, Docs Okie Quixotie, Hobby Horse, Peppy San, Mr. San Peppy und Peppy San Badger.

Es ist durchaus möglich, daß Pferde mit typischer Pleasure-Abstammung gute Reining-Pferde abgeben, wenn sie kooperativ und lernwillig sind und ein wenig Talent haben; die notwendigen guten Bewegungen haben sie ja, sonst wären sie keine guten Pleasure-Pferde. Ein Zippo Pine Bar- oder ein Sonny Dee Bar-Pferd kann sich ohne weiteres gut eignen.

Cutting

erfordert neben den athletischen Fähigkeiten noch eine besondere Art von Spiel- oder Arbeitstrieb. Hier können auch Pferde groß herauskommen, die von Natur aus hitziger sind, als es für ein Pleasure- oder Reining-Pferd zulässig ist, da das Pferd auf sich gestellt arbeitet, ein Rind dominiert und sich dabei abreagieren kann.

Bei den Cutting- oder Cow Horse-Vererbern müssen einige der Hengste, die unter Reining aufgeführt wurden, erneut genannt werden: Colonel Freckles, Mr. Gun Smoke, Peppy San, Mr. San Peppy, Peppy San Badger, Hollywood Gold, King Fritz, außer den erwähnten Doc Bar-Söhnen noch weitere, wie Doc's Prescription, Doc's Lynx, Doc Tari, Doc's Mahogany, Doc's Quixote, Montana Doc, Boon Bar oder Decatur Doc, dann Jessie James, Jose Uno, Cutter Bill, Gay Bar King, Royal King, Smart Little Lena, Taris Catalyst, Freckles Playboy, Brinks Royal Lee, Bueno Chex und Smokin Jose.

Es können unmöglich alle wertvollen Linien aufgeführt werden, aber diese Auswahl gibt sicher schon einmal hilfreiche Anhaltspunkte.

Reining- und Cow Horse-gezogene Pferde sind keine Spezialisten in dem Sinne, daß sie nicht auch für andere Disziplinen taugen. Es sind athletische Pferde, deren Charakter und Verstand so geartet sind, daß sie das Training gut annehmen, die gute Bewegungen haben und die sich darum überall einsetzen lassen, wenn man das will. Umgekehrt geht es durchaus nicht immer - ein reines Halter-Pferd mag als Reitpferd nicht viel taugen, ein Pleasure-Pferd, dessen Fähigkeiten mit dem gehorsamen Geradeauslaufen erschöpft sind, kann kein Reining oder Cow Horse abgeben.

Gute Performance-Linien, die sich bewährt haben, ohne spezialisiert zu sein, sind z.B. noch Zan Parr Bar, Coy's Bonanza, Major Bonanza, Mito Commander, Mr. Tailwind, Windchester, Triple's Image, Poco Acres, Jonathan Swift und Doc's Hotrodder. Die Wiescamp-Pferde sind durchweg von Halter-Qualität und zeichnen sich durch Allround-Eigenschaften aus.

Für andere Performance-Klassen gibt es keine speziellen Blutlinien. Im Trail beispielsweise kann jedes performance-mäßig gezogene Pferd bei gutem Training Chancen haben. Dasselbe gilt für das Western Riding. Beim Barrel Racing kommen Speed-Linien (Rennlinien) mehr in den Vordergrund.

Die beliebteste Story, die von Leuten erzählt wird, die ein angebliches Quarter, Paint oder Appaloosa Horse ohne Papier verkaufen wollen, ist die, daß es sich um ein Importpferd handele und daß das Papier beim Transport verlorengegangen sei. Das ist Unfug. Die Papiere begleiten das Pferd nicht beim Transport, und wenn ein Papier wirklich einmal aus irgendwelchen Gründen verlorengehen sollte, so ist es eine relativ kleine Mühe und kostet auch nicht viel, sich ein neues, ein Duplikatpapier ausstellen zu lassen. Denn alle diese Pferde sind ja mit Namen, Nummer, Daten und Fotos beim zuständigen amerikanischen Verband erfaßt, archiviert und computermäßig gespeichert.

Wann immer Ihnen jemand ein Quarter, Paint oder Appaloosa Horse ohne Papier verkaufen will, sollten Sie davon ausgehen, daß man versucht, Sie zu betrügen.

Jeder Besitzwechsel wird im Papier des Pferdes eingetragen. Das wird mit einem Transfer-Formular gemacht. Zum Certificate of Registration müssen Sie also auch noch ein unterschriebenes Transfer-Formular (Transfer Report) erhalten. Dieser Transfer muß von der Person unterschrieben sein, die als letzter Besitzer im Certificate of Registration eingetragen ist; das müssen Sie also vergleichen! Nichts auf dem Transfer-Formular darf verbessert oder durchgestrichen sein, sonst ist er ungültig! Wenn Sie ein Pferd bezahlen, von dem Sie keinen gültigen Transfer zum Papier bekommen, haben Sie ein Pferd bezahlt, das Ihnen offiziell gar nicht gehört!

Bezahlen Sie also nie den vollen Kaufpreis, solange Sie kein Papier und dazu einen gültigen Transfer Report in den Händen haben!

Das Paint Horse

Tobiano Paint Horse-Hengst beim Sliding Stop Foto: Oelke

Dreijähriger Overo Paint Horse-Hengst Foto: Delfan

Wie bereits angedeutet wurde, handelt es sich beim Paint Horse nicht um eine andere Rasse, sondern um gescheckte Varianten der Quarter Horses. Die gesamte Zucht- und Entwicklungsgeschichte der Quarter Horses bis zur Gründung der AQHA 1940 schließt die Paint Horses ein - bis dahin wurde zwischen einfarbigen und gescheckten Quarter Horses nicht unterschieden. Einige der herausragenden Gründerhengste und -stuten waren tatsächlich Paint Horses nach heutiger Definition.

Tobiano Paint Horse-Stute bei der Western Pleasure Foto: Shugart

Mit der Gründung der AQHA wurde festgelegt, daß nur noch einfarbige Quarter Horses als solche eingetragen werden sollten. Das bedeutete, daß viele gutgezogene gescheckte Quarter Horses plötzlich weniger wert waren, eine Situation, die vielen Züchtern nicht gefiel. Dennoch dauerte es zwei Jahrzehnte, bis sich Züchter, die auch gescheckte Quarter Horses hatten, zusammentaten und einen eigenen Verband für gescheckte Quarter Horses gründeten, aus dem sich die heutige American Paint Horse Association entwickelte.

Tobiano Paint Horse-Wallach in einer Trail-Prüfung Foto: Kleinwegen

Wie untrennbar beide Zuchten zusammenhängen geht auch daraus hervor, daß immer wieder gescheckte Quarter Horses und solche, die zu weitgehende weiße Abzeichen haben, geboren werden und diese dann bei der APHA eingetragen werden, weil sie bei der AQHA nicht registrierfähig sind. Darüberhinaus werden ständig Paint Horse-Stuten mit Quarter Horse-Hengsten belegt und Quarter Horse-Stuten von Paint Horse-Hengsten, so daß in der Paint Horse-Zucht dieselben favorisierten Blutlinien bestehen, wie in der Quarter Horse-Zucht.

Wir können darauf verzichten, das Paint Horse exterieurmäßig und charaktermäßig zu beschreiben, da hier dasselbe gilt, was schon beim Quarter Horse gesagt wurde. Alle Eigenschaften, wie sie das Quarter Horse auszeichnen, finden wir ebenso beim Paint Horse. Das Paint Horse ist ganz einfach eine Alternative für die, die lieber ein geschecktes Quarter Horse haben.

Auch bezüglich der begehrten Blutlinien, der Stammväter und Stammütter, der aktuellen und der bewährten Spitzenvererber haben wir es mit denselben Pferden zu tun, wie in der Quarter Horse-Zucht. Darüberhinaus haben sich in der Paint Horse-Zucht noch einige Paint-Hengste und -Stuten als herausragend und linienbegründend erwiesen, wie z.B. Painted Joe, Painted Robin, Yellow Mount, Mister J Bar, Mardelle Dixon, Indian Music und andere. Unnötig zu erwähnen, daß diese selbst natürlich auch wieder von entsprechendem Quarter Horse-Geblüt sind bzw. waren.

Weil die Scheckzeichnung dieser Pferde so auffällig ist, lassen sich Neulinge oft verleiten, sie mit Schecken anderer Rassen und Kreuzungen zu verwechseln, wie z.B. mit den Pintos. Ein Pinto kann ein Pferd einer beliebigen Rasse oder Kreuzung sein, ob mit oder ohne belegter Abstammung (obwohl der amerikanische Pinto-Verband Kaltblüter und Kaltblutkreuzungen zumindest offiziell ablehnt). Ein Pinto ist darum kein Western Horse, ebensowenig, wie ein Pferd dadurch zum Westernpferd wird, daß es eine Scheckzeichnung hat. Geschäftstüchtige Händler und Erzeuger von Scheckpferden versuchen allerdings beharrlich, ihre Schecken als Pintos anzubieten und sie mit dem "Anstrich" eines Westernpferdes gewinnbringender zu verkaufen. Pintos sind ebensowenig Westernpferde, wie ein Hannoveraner-Schimmel ein Lippizaner ist oder ein Welsh Cob-Fuchs mit hellem Langhaar ein Haflinger oder ein Quarter Horse-Falbe ein Fjordpferd...

Die Scheckzeichnung der Paint Horses ist zwar oft auffällig, aber sekundär. Wie in der Quarter Horse-Zucht auch, wird auf rassespezifische Eigenschaften hin gezüchtet, die Qualität des Pferdes steht an erster Stelle. Die Farbe ist zusätzliches Attribut. Jeder ernsthafte Züchter hat lieber ein erstklassiges Fohlen mit wenig oder gar keinen weißen Abzeichen, als ein buntgeschecktes Durchschnittspferd.

Wie bei anderen Schecken auch, treten Paint Horses in zwei Grundmustern auf, was die Scheckzeichnung angeht. Diese Muster (Pattern) bezeichnen die amerikanischen Züchter als Tobiano und Overo. Der Tobiano, der sich dominant vererbt, hat typischerweise weiße Beine, relativ wenig Weiß am Kopf, und die weißen Abzeichen kreuzen die Rückenlinie. Beim Overo, der sich rezessiv vererbt, findet man meistens viel Weiß im Gesicht, die Beine sind nicht selten dunkel oder zum Teil dunkel, und die weißen Abzeichen scheinen von der Seite oder vom Bauch auszugehen. Overos haben fast immer einige Stichelhaare, oftmals sind diese auch stark vertreten. In der Regel kreuzen die weißen Abzeichen beim Overo nicht den Rücken bzw. die Kruppe.

Natürlich gibt es auch viele Pferde, die beide Erbanlagen haben und dies auch in ihrer Zeichnung erkennen lassen.

Ansprechpartner in Sachen Paint Horse ist der Paint Horse Club Germany, gegründet 1983, als einziger anerkannter Verband der American Paint Horse Association für Deutschland.

Einige der wichtigsten Paint Horse-Linien

Alle die Linien, die unter Quarter Horses aufgeführt wurden, gelten gleichermaßen auch für Paint Horses, sie müssen deshalb nicht noch einmal wiederholt werden. Von Anfang an gab es bei den Paint Horses keine anderen Einkreuzungen. Darüberhinaus gibt es einige Linien, die von Paint Horses begründet wurden und innerhalb der Paint Horse-Zucht besondere Bedeutung erlangt haben. Diese linienbegründenden Paint Horses waren natürlich ebenfalls von Quarter Horse-Abstammung.

Zu diesen wichtigen Paint Horse Foundation Sires gehören Painted Joe, Hank-A-Chief, Mister J Bar, Painted Robin, Painted Breeze Bar, Tinky's Spook, Q Ton Eagle, Joechief Bar, Pretty Badger, Skip Hi, Skippa Streak, Skip's Lad, Yellow Mount und Adios Amigos. Cupid Bar, Far Ute Keno, J Bar Junior, Jetalito, Mr. Norfleet, Our Sir Prize, Painted Robin Jr., My Painted Robin, Versary Bars, Mr. Robin Boy, Mardelle Dixon, Ratchett, Skippa Scotch, Sky Top Bar, Sky Bug Bingo, Sabru Indio und Triple's Titan stehen für eine weitere Generation führender Vererber, die zum Teil heute noch leben.

Die meisten dieser Pferde waren Allround-Pferde, einige wurden selbst Supreme Champions. Manche sind erfolgreicher als andere in der Halter-Szene, wie z.B. Barlink Macho Man, Broadway Sonny, Eternal Impressive, Jetalito, Mr. Norfleet, Mr. Robin Boy, Ratchett oder Triple's Titan. Für das Cutting und Working Cowhorse müssen Painted Lasan, Doc Doll, Delta Flyer, Docs Gunsmoke und Jester Smoke erwähnt werden, aber auch Uvalde Doll, als Mutter von Paint Cutting Horses, und die Stute Delta, die ein NCHA World Champion ist. Mr. World, von Sonny Dee Bar, ist sicher kein Reining-Spezialist, hat aber schon mehrere Finalisten der National Reining Horse Association Futurity gezeugt.

Ansonsten wird bei der Zucht von Paint Horses speziell für bestimmte Disziplinen mit den bewährten Quarter Horse-Linien angepaart.

Der Appaloosa

Beim Appaloosa handelt es sich um die dritte Western Horse-Rasse. Seine Herkunft ist nur insofern mit der der Quarter und Paint Horses identisch, als auch in diese Zucht anfangs ein beträchtlicher Anteil an Indianerpferden eingeflossen ist.

Ursprünglich wurden die Appaloosas von den Nez Perce-Indianern gezüchtet, die im Nordwesten der USA, etwa im heutigen Washington und Idaho, ansässig waren. Die Fellzeichnung der Appaloosas (im Deutschen mit der irreführenden Bezeichnung “Tigerschecke” gekennzeichnet) war - wie die “normale” Scheckzeichnung auch - unter den wildlebenden Mustangs nicht selten und ein Erbe der spanischen Vorfahren. So ist mit dem Blut spanischer Pferde die “Tigerscheckung” u.a. auch nach Dänemark gelangt, wo sie typisch für die dortige Rasse Knabstrupper wurde.

Appaloosa-Junghengst mit Blanket-Zeichnung Foto: Lesch

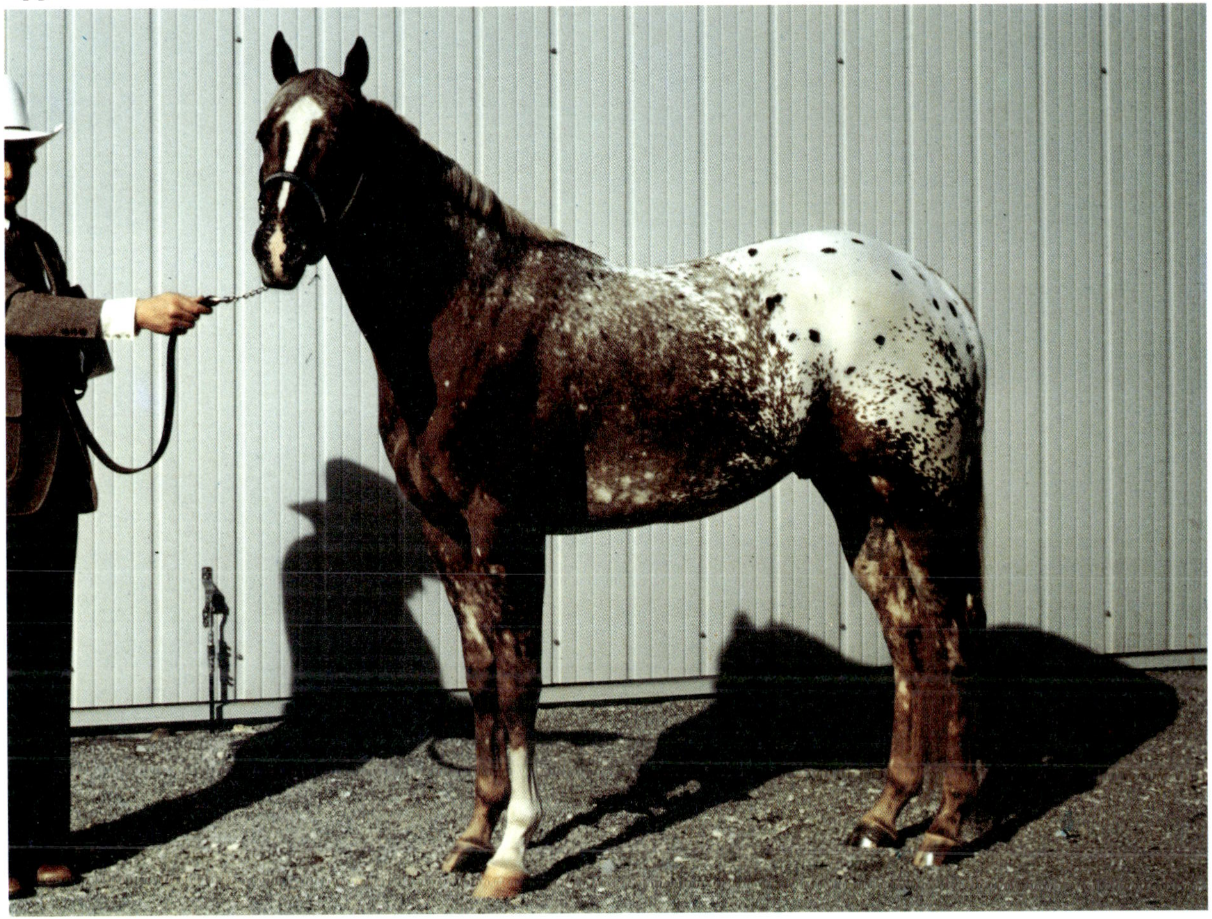

Mit der Vernichtung der Nez Perce-Indianer wurden auch diese Pferde, welche ihnen im Kampf mit den Weißen, vor allem der Kavallerie, hervorragende Dienste geleistet und auf der letzten großen Flucht unter Chief Joseph große Ausdauer bewiesen hatten, nahezu ausgerottet. Einige wenige übriggebliebene Pferde dienten später jenen Idealisten als Ausgangsmaterial, die sich vorgenommen hatten, den Appaloosa als Rasse zu züchten und zu erhalten.

Appaloosa - Hengst mit der Blanket-Zeichnung Foto: Schumacher

Den Namen haben die Appaloosas von dem Fluß Palouse, der durch ihr Verbreitungsgebiet floß; aus "a Palouse (horse)" wurde "a Palousy" und schließlich "Appaloosa". Jene frühen Appaloosas waren Pferde, mit denen heute, wo Pferde hauptsächlich als Hobby gehalten werden und wo Schönheit eine nicht unbedeutende Rolle spielt, nicht viel Staat zu machen wäre. Grobe Köpfe waren typisch und oftmals fast haarlose "Schweife", die diesen Namen kaum verdienten. Auch die Mähnen waren spärlich und fehlten manchmal ganz.

Appaloosa-Reiter auf einem Wanderritt Foto: Latuszeck

Der Appaloosa Horse Club hat sich seit 1938 für diese Pferde, ihre Zucht und Registrierung eingesetzt. Zwangsläufig mußten sie beim Aufbau der Zucht mit andersrassigen Pferden arbeiten. Sie taten dies aber nicht ausschließlich mit Quarter Horses, sondern setzten auch Rassen wie Standardbred, Morgan, Araber und andere ein, die typmäßig relativ weit auseinanderliegen. Aus diesem Grunde sind die Appaloosas auch heute noch weniger einheitlich im Typ, sowohl exterieurmäßig wie interieurmäßig, und nicht einfach als Quarter Horses mit "Tigerscheckung" zu charakterisieren. Dennoch handelt es sich beim Appaloosa aufgrund seiner Herkunft, seiner Geschichte und seiner Verwendung/Zuchtrichtung um eine Western Horse-Rasse. Und natürlich gibt es - heute mehr denn je - solche Appaloosas, die überwiegend Quarter Horse-Blut führen und tatsächlich wie ein Quarter Horse mit "Tigerscheckung" aussehen.

Die Appaloosa-Leute haben aufgrund der Fellzeichnung ihrer Pferde dieselben Probleme wie die Paint Horse-Leute: Auch sie müssen ständig aufklärend wirken, um dem pferdeinteressierten Publikum klar zu machen, daß es sich bei ihren Pferden um eine Rasse handelt und nicht bloß um eine Färbung. Es gibt alle erdenklichen Kreuzungen, welche die "Tigerscheckung" aufweisen, darüberhinaus auch Rassen (der Knabstrupper wurde schon erwähnt, der Pinzgauer Noriker ist ein weiteres Beispiel), doch sie alle dürfen mit dem Appaloosa nicht verwechselt werden.

Einige der berühmten Appaloosa-Stammväter sind Old Painter, Toby, Patchy, Mansfield Comanche, Apache, Joker B und Starbuck Leopard. Heute sind es auch in der Appaloosa-Zucht überwiegend die herausragenden Quarter Horse-Vererber, die frequentiert werden und eigene Linien aufgebaut haben und aufbauen.

Die Zeichnung des Appaloosas variiert sehr stark und beschränkt sich keinesfalls auf die typische "Tigerscheck"-Zeichnung. Es gibt weiße Pferde mit einzelnen dunklen Flecken, welche als Leopard bezeichnet werden. Die Zeichnung, welche vermutlich die meisten mit dem Appaloosa verbinden und welche wohl die beliebteste ist, ist der sogenannte Blanket (=Decke). Solche Pferde sind überwiegend einfarbig, haben aber auf der Kruppe einen mehr oder weniger großen weißen Fleck, wie eine Decke, der bis in den Rücken reichen kann und auf dem sich wiederum kleinere dunkle Flecke befinden. Manche Appaloosas haben keine dunklen Flecke innerhalb einer Decke, andere sehen aus, als ob über sie oder auch nur ihre Hinterhand ein kleiner Schneeschauer heruntergekommen wäre.

Weitere Merkmale der Rasse (die man aber auch bei "Tigerschecken" anderer Rassen oder Kreuzungen finden kann) sind das Krötenmaul, eine gefleckte Haut im Genitalbereich, eine weiß umrandete Iris und gestreifte Hufe.

Der Appaloosa Horse Club Germany ist der zuständige anerkannte Verband für Appaloosas in Deutschland und gibt gern Auskunft über diese Rasse.

Einige der wichtigsten Appaloosa Horse-Linien

Im Gegensatz zu den Quarter Horses bzw. Paint Horses wurde bei den Appaloosas auch anderes Blut eingekreuzt, wie Araber, Morgan, Standardbred (Traber) und Saddlebred. Die Linien, die sich durchsetzten, waren aber in der Regel die Quarter Horse-Linien, und nur solche auf Quarter Horse-Basis gezogene Appaloosas können mit Recht den Anspruch erheben, Western Horses im eigentlichen Sinne zu sein. Auch heute ist es so, daß bei den Appaloosas die erfolgreichsten Pferde aus Anpaarungen mit populären und herausragenden Quarter Horse-Linien hervorgehen.

Alte Appaloosa-Linien sind Absarokee Sunset, Apache, Bright Eyes Brother, Cherokee A, Chief Chelsea, Colida, Comanche's Equal, Double Six Domino, Flamingo OF, Golden Glow, Hands Up, High Hand, High Spot, Joker B, Little Britches, Mansfield Comanche, Mighty Bright, Norell's Little Red, Navajo Britches, Old Painter, Patchy, Patchy Jr., Peavy Bimbo, Quannah, Red Eagle, Red Plaudit, Revel Junior, Rustler Bill, Starbuck Leopard, Sundance, Toby, Top Hat, Wapiti und Whistle Britches.

Dieses sind die hauptsächlichen Linien innerhalb der Appaloosa-Zucht. Selbst von diesen alten Appaloosa-

Gründerhengsten hatten die meisten schon Quarter Horse-Abstammung oder teilweise Quarter Horse-Abstammung. Andere dagegen hatten Morgan-, Araber- oder andere Abstammung. Der berühmteste unter diesen Vererbern war Joker B, von dem Quarter Horse-Hengst Red Dog und aus der Blue Vitrol, die ihrerseits von dem Quarter Horse-Hengst Brown Dick war.

Die Appaloosa-Hengste, die in neuerer Zeit dominierend in Erscheinung treten, sind Anpaarungen mit populären Quarter Horse-Linien.

Beim Kauf eines Westernpferdes

sollten Sie sich, wenn Western Horses für Sie Neuland sind, auf jeden Fall beraten lassen, am besten durch den zuständigen Verband. Egal, ob Sie sich nun für ein Quarter Horse, ein Paint Horse oder ein Appaloosa Horse interessieren, müssen Sie vor allem eins unbedingt wissen und berücksichtigen: Alle diese Pferde haben amerikanische Originalpapiere (Certificate of Registration); die für Quarter Horses werden von der American Quarter Horse Association (AQHA) ausgestellt, die für Paint Horses von der American Paint Horse Association (APHA) und die für Appaloosas vom Appaloosa Horse Club (ApHC). ***Kaufen Sie unter keinen Umständen ein Pferd ohne amerikanisches Originalpapier!*** Jedenfalls nicht, wenn Sie ein wirkliches Western Horse haben wollen. Hören Sie gar nicht erst hin, wenn man Ihnen etwas erzählen will, weshalb ein Pferd kein Papier hat - wenn es ein Original Western Horse ist, hat es auch ein Originalpapier oder ist zumindest berechtigt, eingetragen zu werden. Im letzteren Fall müssen Sie darauf bestehen, daß der Verkäufer die Eintragung vornehmen läßt, bevor Sie das Pferd bezahlen. Gerade beim Kauf eines Fohlens ist es oft so, daß das Fohlen zum Zeitpunkt des Verkaufs noch nicht registriert ist. Das ist nichts Ehrenrühriges. Aber lassen Sie sich nicht den Schwarzen Peter zuschieben. Sie können das Fohlen anzahlen und sollten ansonsten darauf bestehen, erst dann den vollen

Kaufpreis zu bezahlen, wenn das Papier des Fohlens da ist, zusammen mit dem Transfer.

Anerkannte Verbände in Deutschland

Folgende Verbände sind von den amerikanischen Mutterverbänden als Landesverbände für Deutschland anerkannt und richten u.a. auch anerkannte Turniere aus:

Deutsche Quarter Horse Association (DQHA)
Postfach 64
8751 Großwallstadt

Paint Horse Club Germany (PHCG)
Vorm Baum 12
5608 Radevormwald

Appaloosa Horse Club Germany (ApHCG)
Hauptstr. 59
8775 Partenstein

'HOSS' SAFE-FENCE

Weidezäune mit **Sicherheit.**

gibt es seit 4 Jahren nicht mehr!

R. M. Phillips
Frettholt 46
4427 Legden-Asbeck
☎ 0 25 66 / 43 46

Ab sofort:
kein Brechen, Splittern, Reißen, Rosten, Faulen, keine Verletzung durch spitzes Holz und scharfe Drähte.

'HOSS' SAFE-FENCE

sicher durch **gut sichtbares, hoch reißfestes,** 6 cm breites Polyäthylenband, **stromführend** durch eingewebte **Edelstahldrähte.**

'HOSS' SAFE-FENCE

das **wartungsfreie, preiswerte, langlebige Zaunsystem.**
Komplettzubehör für **schnellen, unkomplizierten Aufbau.**
Mobilzäune für Turniere und zur Weidenabtrennung.

AUCH BEI UNSEREN PARTNERN:

N.SCHULLER-VERTRIEB
7600 OFFENBURG
RUF 07807/30041

A. FRENZEN
KÜTTERWEG 50
4150 KREFELD 1
RUF 02151/301 374

OK CORRAL

PAINT HORSES

Wir züchten - aus Freude am Züchten - Paint Horses alter, bewährter Blutlinien; deshalb befinden sich auch immer einige Quarterhorse Stuten mit Foundation - Blut in unserer 12 köpfigen Zuchtstutenherde. Wir arbeiten hart und mit viel Liebe zur Sache, denn Qualität ist kein Zufall! Ständig haben wir Pferde vom Absetzer bis zur Zuchtstute zum Verkauf, für 1992 erwarten wir 9 Fohlen.

Wenn Sie mehr wissen wollen rufen Sie uns an!

OK CORRAL • Heudorf 9 • 8871 Gloett • Tel. 09075/ 405 • Anrufbeantw. u. Fax 09075/ 184

Von Hardy Oelke
2. Auflage, 21 x 29,7 cm,
164 Seiten, über 250 Abbildungen, geb., ca. DM 68,-

Das Standardwerk für die systematische Ausbildung, in der zweiten Auflage mit dem Extrateil "Westernreitstunde"

Inhalt:

- Westernreiten kontra Englisch-Reiten?
- Wie lerne ich Westernreiten?
- Die Western Horse-Rassen
- Auswahl eines geeigneten Pferdes
- Equipment
- Pferdehaltung, Arbeit mit jungen Pferden
- Breaking
- Ausbinden, Longieren, Fahren vom Boden
- Westerndressur, gestern und heute
- Gewöhnen ans Reitergewicht
- Vertikale, laterale und diagonale Kontrolle
- Schulterkontrolle, Schenkelhilfen, Hinterhandkontrolle
- Schooling
- Einiges Grundsätzliches zur Reitweise und Hilfengebung, Dressur und Reiten
- Spezielles Training für die einzelnen Reining-Elemente Back Up / der Stop / Zirkel / Flying Lead Changes / der Spin oder Turn-Around / Roll Backs; Pivots
- Hackamore Training
- Neck Reining
- Umstellung anders gerittener Pferde auf die Western-Reitweise
- Ground Tying
- Zum Abschluß noch einmal Generelles
- Stichwortverzeichnis

Übersetzt von Hardy Oelke
Großformat 21 x 29,7 cm, ca. 160 Seiten m. zahlr. Abbildungen, fester Einband m. farb. Schutzumschlag, DM 58,-

Das Buch des Trainers, Richters und Lehrers R. Shrake zeigt Schritt für Schritt, welche Voraussetzungen erfolgreiches Westernreiten erfordert.

Die Lektionen beginnen bei der Auswahl des Pferdes und der Ausrüstung, behaneln Sättel, Zaumzeug, korrekten Sitz, Gebrauch der Füße, Beine, Arme, Hände etc.

Besonders für angehende Turnierreiter und engagierte Westernreiter ist dies das ideale Buch, die sachkundige und fundierte Einführung in das Westernreiten überhaupt.

Reining - Die Hohe Schule des Westernreitens

Von Bob Loomis
mit Kathy Kadash,
übersetzt von Hardy Oelke
1991, Großformat, 250 Seiten, geb., DM 78,-

Bestellen Sie noch heute dieses sensationelle Buch: Reining funktioniert besser mit Loomis!

Von Jack Brainard
Großformat, 160 Seiten mit zahlr., Abbildungen, fester Einband mit farb. Schutzumschlag, geb., DM 58,-

Das Buch dieses großen Trainers und Pferdekenners lehrt die Basis der Pferdeausbildung für die Westernreitweise. Es ist die Grundlage für Cutting, Reining, Pleasure, Trail und Freizeitreiten.

Wer Schwierigkeiten bei der Ausbildung von vorneherein vermeiden und mit seinem Pferd als Partner zu Freude und Erfolg (zurück-)finden möchte, der sollte an diesem "Fernkurs" mit Jack teilnehmen - es wird einer der erfolgreichsten werden.

Von Leon Harrel,
übersetzt von Hardy Oelke
Großformat 21 x 29,7 cm,
160 Seiten, zahlr. Abb., geb.,
DM 58,-

Cutting ist ein faszinierender Sport. Der Trainer Leon Harre bietet in Wort und Bild Ihr persönliches Cutting-Trainingsprogramm: Wie man beginnt / Ausrüstung
Wie geritten wird, Richten und Bewerten / Rinder
Showen und Gewinnen / Training
Großartige Pferde

Kierdorf Verlag • Gut Dohrgaul • 5272 Wipperfürth

Von Hardy Oelke
17 x 24 cm, 200 Seiten mit zahlr. z. T. farbigen Abbildungen, geb., DM 58,-

Informativ und fesselnd ist dieses erste und einzige deutschsprachige Buch über die beliebteste Pferderasse der Welt, das Quarter Horse.

Ein Standardwerk, das Auskunft gibt über die Entstehung der Rasse, die Beurteilungskriterien, die wichtigsten Blutlinien, die vielseitigen Verwendungsmöglichkeiten usw.

Von Hardy Oelke
2. erweiterte Auflage, 17 x 24 cm, 172 Seiten mit zahlr. z. T. farbigen Abbildungen, geb., DM 58,-

Erstes und einziges Buch in deutscher Sprache über das Paint Horse. Niemand anderes als Hardy Oelke konnte dieses Buch verfassen und dabei so detailliert, informativ und unterhaltend schreiben, daß es für jeden Pferdefreund eine interessante und spannende Lektüre darstellt.

Von Karola von Hodenberg
17 x 24 cm, 178 Seiten mit zahlr., z.T. farbigen Abbildungen, geb., DM 58,-

Dieses erste deutschsprachige Buch über den Appaloosa, das jetzt in der zweiten Auflage erschienen ist, vermittelt etwas von der Faszination und dem Hauch von Abenteuer um diese Pferderasse.

Die Autorin beschreibt die vielseitigen Verwendungsmöglichkeiten des Appaloosa, die häufigsten Fellzeichnungen, die Wettbewerbe, die wichtigsten Blutlinien.

Von Mike Junge
5. Auflage, 152 Seiten, mit zahlr. Abbildungen, kart., DM 22,80

"Dieses Buch habe ich auf Wunsch vieler Freunde, Bekannter und Kunden geschrieben, die nicht die Möglichkeit haben, amerikanische Fachliteratur zu lesen.
Es soll dem Reitanfänger im Westernstil, wie auch dem künftigen Besitzer eines Westernpferdes helfen, den amerikanischen Reitstil zu erlernen und mit seinem Westernpferd richtig umzugehen".

Von Kerstin Diacont
12 x 19,5 cm, 192 Seiten mit vielen Abbildungen, brosch., DM 24,80

Unser jüngster "Bestseller" richtet sich vor allem an diejenigen Reiter und Pferdebesitzer, die sich zusammen mit ihrem Pferd an die "andere" Reitweise herantasten wollen, die ein englisch gerittenes Pferd umstellen oder ein junges Pferd in der Westernreitweise ausbilden wollen.

Von Kerstin Diacont
345 Seiten mit zahlr. Abbildungen, kart., DM 29,80

Das Wanderreiten erfreut sich zunehmender Beliebtheit. Das neue Buch von Kerstin Diacont enthält alle Informationen zum Wanderreiten. Der Schwerpunkt liegt dabei auf der Ausbildung von Pferd und Reiter.

Kierdorf Verlag • Gut Dohrgaul • 5272 Wipperfürth